EXPERIMENTEI DEUS

RELATOS DE FÉ

IR. IVONETE KURTEN

EXPERIMENTEI DEUS

RELATOS DE FÉ

Paulinas

Dados Internacionais de Catalogação na Publicação (CIP)
Angélica Ilacqua CRB-8/7057

Kurten, Ivonete
   Experimentei Deus : Relatos de fé / Ivonete Kurten. - São Paulo : Paulinas, 2024.
   104 p. (Coleção Mística)

   ISBN 978-65-5808-289-7

   1. Fé 2. Espiritualidade I. Título II. Série

24-2116   CDD 248.5

Índice para catálogo sistemático:
1. Fé

Citações bíblicas: *A Bíblia*, São Paulo, Paulinas, 2023.

1ª edição – 2024

Direção-geral: *Ágda França*
Editora responsável: *Marina Mendonça*
Copidesque: *Ana Cecilia Mari*
Coordenação de revisão: *Marina Mendonça*
Revisão: *Sandra Sinzato*
Gerente de produção: *Felício Calegaro Neto*
Produção de arte: *Elaine Alves*

Nenhuma parte desta obra poderá ser reproduzida ou transmitida por qualquer forma e/ou quaisquer meios (eletrônico ou mecânico, incluindo fotocópia e gravação) ou arquivada em qualquer sistema ou banco de dados sem permissão escrita da Editora. Direitos reservados.

Cadastre-se e receba nossas informações
paulinas.com.br
Telemarketing e SAC: 0800-7010081

Paulinas
Rua Dona Inácia Uchoa, 62
04110-020 – São Paulo – SP (Brasil)
📞 (11) 2125-3500
✉ editora@paulinas.com.br
© Pia Sociedade Filhas de São Paulo – São Paulo, 2024

Este livro é uma forma de gratidão a meus pais e irmãos. Em família, dei os primeiros passos na fé e na confiança em Deus.

À minha comunidade São Sebastião e ao Diácono Frederico Schmöller, que foi testemunha viva de Jesus Cristo na minha caminhada vocacional.

Às Irmãs Paulinas: Iracema Gattelli, que em muitos momentos de oração pude ver contemplando o Senhor, e Monica Lunkes, que viveu, na serenidade, a união com Deus durante o processo de finitude de sua vida até o encontro pleno com o Senhor.

A São Miguel Arcanjo, pelas inspirações e pela proteção na missão. "Quem é como Deus."

E a todas as pessoas que passaram e às que ainda continuam na minha vida e deixam marcas de Deus no meu viver.

SUMÁRIO

Santidade no cotidiano	9
Apresentação	13
Onde tudo começa...	17
Pai da fé	23
Obra e dom de Deus para a nossa casa	29
Mãe-águia	35
O amor se doa	43
Tenho tudo de que preciso	49
Eu ouvi Deus	55
Tua fé é para mim sustento	61
Um encontro inesperado	67
Deus presente na família	75
Nossa Senhora, de Mãe para Mãe	83
A continuidade...	89
Anexo – Leitura orante da Bíblia	95
Bibliografia	101

SANTIDADE NO COTIDIANO

A reflexão de Ir. Ivonete Kurten nos ajuda a caminhar na meditação e na ação que lê e pensa o dia a dia, santificando a vida.

Ler a realidade, ler os acontecimentos de cada dia com o olhar da fé, com a confiança de que somos amados e amadas por Deus, Pai e Mãe de todos nós.

A santidade não é um pacote pronto, mas uma construção contínua e teimosa, com acertos e erros. A santidade é insistir, sem desistir.

A santidade não é perfeição, mas humanização da vida, no conflito, na dor, na alegria e no amor. A santidade não é heroísmo episódico, mas um processo contínuo e sujeito a altos e baixos.

Os santos e as santas convivem conosco sem serem, muitas vezes, percebidos. Muitos são desconhecidos e anônimos. Os contemporâneos dos santos e santas quase sempre são surpreendidos, pois convivem com pessoas limitadas e comuns.

A reflexão deste livro vai nos ajudar, e muito, a confiar, rezar, meditar e, sobretudo, a discernir.

O discernimento é um dom do Espírito Santo que nos impulsiona a caminhar e a resistir. A oração e a ação meditada nos alfabetizam a ler a presença de Deus na nossa vida.

Pe. Júlio Lancellotti
Pároco da Paróquia São Miguel Arcanjo (SP)
e Vigário Episcopal para a Pastoral do Povo da Rua

Gosto de ver a santidade no povo paciente de Deus: nos pais que criam os seus filhos com tanto amor, nos homens e mulheres que trabalham a fim de trazer o pão para casa, nos doentes, nas consagradas idosas que continuam a sorrir. Nesta constância de continuar a caminhar dia após dia, vejo a santidade da Igreja militante. Esta é muitas vezes a santidade "ao pé da porta", daqueles que vivem perto de nós e são um reflexo da presença de Deus (Papa Francisco, *Gaudete et Exsultate*, n. 7).

APRESENTAÇÃO

O título deste livro *Experimentei Deus* é uma provocação para cada um de nós, à semelhança de Moisés que vai além do deserto e chega ao monte de Deus, o Horeb. Ali ele vê uma sarça queimando sem se consumir. Então diz a si: "Vou me desviar do rumo para ver essa grande aparição". E se faz um peregrino em busca de Deus. Aproximou-se e foi convidado a "tirar as sandálias", pois o lugar era santo (cf. Ex 3,1-6). O mesmo nós podemos dizer do "chão" de nossas vidas. É um lugar santo, pois nele mora o próprio Deus, qual chama ardente que não se consome. Este livro tem os seguintes questionamentos subjacentes aos textos: Você já teve uma experiência com Deus? Ele já se revelou a você? Ele lhe mostrou seu rosto? Na Bíblia, há muitos testemunhos de pessoas que experimentaram a presença de Deus, como, por exemplo, Abraão, Jacó, Moisés, Elias, Maria de Nazaré, São Paulo, entre outros. O Altíssimo veio ao encontro desses homens e mulheres e se revelou.

Confesso que sempre acalantei o sonho de publicar este livro, com este tema, no qual reúno alguns relatos de pessoas que experimentaram a presença de Deus. Provavelmente, você que está lendo esta obra vai se identificar com alguma parte dela. Em cada partilha, que ouvi no meu trabalho missionário, há um pouco de nós, pois o Outro, magnífico e insondável mistério, habita no mais íntimo de cada ser criado. Basta silenciar para escutar e reconhecer.

Gosto de ouvir histórias de vida e perceber a forma como Deus fala às pessoas de modo diverso, bem como ver como elas se emocionam ao reviver o toque do divino em sua vida. Para mim, a cada narrativa é como se eu sentisse Deus passando pelas minhas mãos, pelo meu olhar, pelos meus ouvidos e, acima de tudo, pelo meu coração. Os nossos cinco sentidos revelam o que Deus nos fala.

Digo mais, devo a conversão da minha sensibilidade para as manifestações de Deus a pessoas que tiveram a grandeza de partilhar algo de Deus comigo. E eu lhes agradeço. Umas experimentaram Deus pelas dores vividas na fé; outras, pela consolação que obtiveram num momento de abandono nas mãos do Senhor, fazendo a experiência do absoluto no cotidiano simples da vida, como a providência de um botijão de gás. São os pobres no Espírito que se deixam amar por Deus.

O texto da Exortação apostólica *Gaudete et Exsultate* deixa claro que a santidade é um caminho de humildade, de esvaziamento de si e de reconhecimento da grandeza de Deus em relação a cada pessoa. Porém, ao narrar essas histórias, podemos também contemplar e sentir que o paradoxo de todo caminho de santidade é o próprio Deus que "habita" em cada realidade humana.

"Para ser santo, não é necessário ser bispo, sacerdote, religiosa ou religioso. Muitas vezes somos tentados a pensar que a santidade esteja reservada apenas àqueles que têm possibilidade de se afastar das ocupações comuns, para dedicar muito tempo à oração. Não é assim. Todos somos chamados a ser santos, vivendo com amor e oferecendo o próprio testemunho nas ocupações de cada dia, onde cada um se encontra (*Gaudete et Exsultate*, n. 14).

Por meio das experiências de Deus relatadas neste livro, você, leitor, perceberá como Deus envolve as pessoas e verá como cada uma delas depositou sua confiança somente naquele que poderia cuidar de sua vida.

Muitas outras histórias poderiam ser escritas, mas estas são narradas para proclamar que o Senhor nos sustenta e cuida de nós. A partir deste ponto, deixe-se guiar pela mão de Deus e reze a sua experiência de fé. Através do texto bíblico proposto, Deus se dirige a você. Faça uma oração orientada a ele. Lembre-se de que, entre as testemunhas, também podem estar sua mãe, seu pai, sua avó ou outras pessoas próximas de você.

Para todas as pessoas, há momentos particularmente importantes e marcantes na vida que as transformam. Dizendo de outra forma, todos nós temos eventos, tempos e locais sagrados que marcam nossa vida e que dão novos significados ao nosso existir. Esses sinais são transmitidos não só por meio de expressões que compõem um texto, mas também pela própria vida daquele que escreve. Sendo assim, o modo como uma teografia é escrita revela a forma de ser de alguém que assimilou o estilo de ser de Deus que está sendo descrito. Oremos com as experiências narradas.

Deixo você com Deus e os seus escolhidos. Convido você, querida leitora, querido leitor, a mergulhar em cada uma das experiências de Deus narradas a seguir e a se deixar tocar pelo mistério que nos une ao Criador.

> *"Mas o Defensor, o Espírito Santo,*
> *que o Pai enviará em meu nome,*
> *este vos ensinará todas as coisas*
> *e vos recordará tudo o que eu vos disse."*
> *(João 14,26)*

Passava por uma noite escura em minha vida. Nada fazia sentido. Tudo parecia desmoronar.

Tinha apostado a minha vida num projeto, que, naquele momento, não havia nenhuma perspectiva de ter continuidade.

Saí de casa e comecei a andar pelas ruas da cidade. Fui ver vitrines para espairecer e pensar em alguma alternativa de ação, diante do nada que sentia em meu ser. De repente, eu me vi dentro de uma igreja. Estava acontecendo uma celebração, e o padre fazia a homilia.

Ele contou a seguinte história: "Existia, em certo lugar, um pároco que administrava bem a sua paróquia e, com grande ardor missionário, exortava seus fiéis a rezarem sempre. Porém, havia um fiel que o incomodava, pois todos os dias vinha à igreja no mesmo horário, sentava no mesmo banco e ficava durante uma hora ali, diante do sacrário, sem fazer nada. O pároco observava que ele não rezava nem participava das orações que as pessoas faziam. Ficava ali sem se mexer. Já não suportando tal situação, o pároco se aproximou do senhor e lhe perguntou: 'O que o senhor vem fazer aqui todos os dias neste mesmo horário? Não participa de nada... e noto que nem se esforça para rezar'. O homem respondeu: 'Sabe, padre, eu venho aqui para visitá-lo', e apontou para o sacrário. 'Venho ver o meu amigo. Chego, digo bom dia. Aí ele olha para mim e eu para ele. E, assim, vamos nos entendendo. Conto o que aconteceu desde ontem até hoje, e ele confirma ou não minha conversa, dá alguns conselhos, que sinto no meu coração. Então me despeço com um até amanhã neste mesmo horário. É isso que faço aqui todos os dias.' O pároco compreendeu e, sem falar nada, se retirou em silêncio...".

E foi nesse dia que tudo começou a ganhar novo sentido na minha existência e que aprendi a contemplar o Mistério de Deus na minha vida e a reservar espaço na minha rotina para meus encontros com o Senhor. Eu olho para ele e ele para mim... E todos os dias o caminho segue com sentido novo.

Um convite à oração
"Se alguém me ama, guardará minha palavra, e meu Pai o amará, e viremos a ele e nele faremos morada" (João 14,23). É sempre válido e importante meditar sobre a importância de guardar a Palavra de Deus. Vamos rezar um Pai-Nosso, uma Ave-Maria e um Glória.

PAI DA FÉ

> *"Em minha aflição clamo ao Senhor*
> *e grito por socorro a meu Deus:*
> *de seu templo escutará minha voz,*
> *pois meu grito de socorro está diante dele,*
> *chega a seus ouvidos."*
> (Salmo 18,7)

Esta experiência de Deus mudou a minha vida – relata, emocionado, Antônio. – Era ainda jovem e estava formando a minha família, quando fui acometido pela doença chamada depressão. Mas, no tempo em que se deu esse fato, a pessoa com esse mal era denominada "doente da cabeça", louca. Assim, além de estar doente, eu sentia a discriminação de parentes e vizinhos. Eu tinha cinco filhos e minha esposa estava novamente grávida. Chegou o dia do parto. Ela daria à luz uma criança, mas, na hora do parto, ficamos sabendo que não seria somente uma, mas sim duas. O parto se realizou em nossa casa. Naquele tempo, anos 1960, não existia o costume de fazer pré-natal e os partos eram realizados em casa. A surpresa das filhas gêmeas nos encheu de alegria, mas também de espanto e medo, de modo particular a mim, pois estava doente e não tinha vontade de fazer nada. Minha esposa sustentava a casa e cuidava de mim e de nossos filhos. Nesse momento, temi pela vida deles...

Depois de uma breve pausa, ele continuou:

– Eu não tinha vontade de viver. Tive receio de não dar conta da minha missão. Chorei e resolvi contar à minha esposa as angústias de meu coração. Propus a ela pedirmos a um parente mais próximo para cuidar de uma das meninas ou que déssemos uma delas para adoção. Mas ela, com toda a simplicidade e fé, disse-me: "Se Deus nos deu mais duas filhas, é porque temos condições de criá-las; cuidaremos delas sim". Porém, eu não me convenci disso. Minha esposa, no entanto, temendo que eu colocasse em prática o meu plano de doar uma das meninas, deixava um dos meus filhos mais velhos para vigiar o berço das duas pequenas, com a ordem de chamá-la imediatamente quando eu me aproximasse do quarto onde estavam as bebês, se ela não estivesse por perto. Isso durou alguns meses.

Olhando para baixo, respirou e seguiu:

– Sempre rezávamos juntos por nossos filhos e pela minha cura, mas parecia que nada de novo acontecia, e a depressão se acentuava mais. Certo dia, cansado de sofrer e de contar com minhas próprias forças, enquanto minha esposa preparava o almoço, entrei em casa silenciosamente, na ponta dos pés, para não ser percebido. Mas é claro que ela me viu e assistiu a tudo o que eu estava fazendo naquele momento. Dirigi-me até o berço onde se encontravam as duas pequenas garotinhas. Contemplei-as, como fruto do nosso amor, e ajoelhei-me perto do berço, olhando novamente com ternura para aquelas duas crianças indefesas e necessitadas de minha ajuda. Então, retirei do bolso de minha calça um pequeno crucifixo que sempre carregava comigo, lembrança do cursilho que fiz. Beijei-o, pois haviam nos dito no encerramento daquele encontro que aquela cruz seria a nossa força, e o coloquei em cima do coração de cada uma das minhas filhas. Então, do fundo de meu coração fiz uma prece: "Senhor, eu clamo a vós que me cureis dessa doença que me perturba há anos. Eu não vos peço riquezas, mas somente a minha saúde, para que eu possa trabalhar e providenciar o necessário para o sustento de minha família. Amém". Quando me levantei, vi minha esposa à porta do quarto, emocionada e confirmando a minha oração. Naquele mesmo dia, minha vida ganhou novo sentido. Comecei a trabalhar imediatamente. E, até que as meninas e os demais filhos, ao todo são 10, tivessem suas vidas definidas, eu não senti mais os efeitos daquela doença. Estava curado. Confiei em Deus e ele realizou meu pedido, dando saúde para que eu cuidasse de minha família. Vivemos uma vida sóbria, simples, pobre, mas Deus nunca faltou em minha família.

Um convite à oração

"Eu e a minha casa servimos ao Senhor, e a vida de nossos filhos e de nossas filhas é testemunha da promessa de Deus realizada" (cf. Josué 24,15-27).
Pensamos no que Deus está realizando agora em nossa vida? Vamos procurar sentir a presença amorosa de Deus em nosso ser. Vamos recitar pausadamente o Salmo 18: "Senhor, minha rocha, meu refúgio e quem me põe em segurança".

OBRA E DOM DE DEUS PARA A NOSSA CASA

*"Então Jesus lhe disse: 'Mulher, tens uma grande fé.
Seja-te feito conforme queres!'.
E naquele momento a filha dela ficou curada."
(Mateus 15,28)*

Esta história me emociona sempre que a recordo e leio. É a experiência de uma mulher que vivia uma profunda comunhão com Deus. Ela é minha mãe, mulher simples, mas de muita oração. Hoje ela vive em Deus. Preciso contextualizar.

Temos que imaginar o ambiente rural e adentrar com profundidade e simplicidade na oração. Era primavera, fim de outubro de 1989. Eu estava de férias na casa de meus pais e, da varanda de nossa casa, contemplava a beleza de uma plantação de milho que se apresentava à minha frente. Era viçosa e prometia dar bons frutos. Essa varanda ainda existe, e é muito boa para um bate-papo com os irmãos e amigos. Naquele dia, comentei com mamãe como Deus é bom e como aquele milharal me falava dele e de sua presença nas coisas criadas. Então, ela me relatou a experiência que havia feito naquela mesma varanda, mas com uma paisagem bem diferente. Ela não falava de experiência de Deus, mas de uma profunda oração. Poderíamos dizer, dentro de um caminho espiritual, de uma oração da simplicidade, na qual se escuta a voz de Deus. O ambiente era propício para isso: silêncio, solidão, necessidade extrema... Ela se encontrava sozinha, pois meu pai e meu irmão estavam trabalhando na roça.

– Sabe – disse mamãe –, esse milharal não era para estar assim. No fim de setembro, eu estava sentada neste mesmo lugar, olhando para a natureza, que, devido à estiagem, estava toda seca e morrendo... Era um dia extremamente quente, que aumentava ainda mais a seca nesta terra. Tudo estava esturricado. Chegava a estralar, de tão seco e quente que estava. As vacas, no pasto, já não encontravam comida e estavam muito magras; parecia que tudo ia acabar. Enquanto eu olhava a paisagem, pensava: "Acho que aqui em nossa terra (no Paraná) vai acontecer como no sertão do Nordeste, onde o gado morre de fome e sede". Então me veio a inspiração de fazer um pedido a Deus: "Cuida de nós, Pai, porque não há mais nada que possamos fazer... Agora é só esperar por ti". De repente, minha filha, veio-me o seguinte pensamento: "Não se preocupe, Maria, daqui a uma semana tudo estará verde e voltará ao normal". Levei um susto! Até olhei ao meu redor, para ver se não tinha alguém perto de mim, mas não vi ninguém. Então compreendi que era Deus. Agradeci o consolo. Acreditei na mensagem recebida. Terminei de rezar o terço e fui fazer o jantar. Naquela mesma noite começou a chover e uma semana depois tudo estava verde, com água jorrando e os animais se recuperando. Deus realizou o que me prometeu. Isso que você contempla e que a deixa alegre, pela tão linda paisagem, é obra e dom de Deus para a nossa casa.

Um convite à oração
"Tendo a recordação da fé sem hipocrisia que há em ti, que habitou primeiramente em tua avó Loide e em tua mãe, Eunice, e estou seguro de que também habita em ti" (2 Timóteo 1,5).
Devemos agradecer por tudo o que Deus faz em nosso favor. Na Bíblia, vamos ler Mateus 15,21-28 sobre a cura da filha endemoniada da mulher cananeia: "Mulher, tens uma grande fé. Seja-te feito conforme queres".

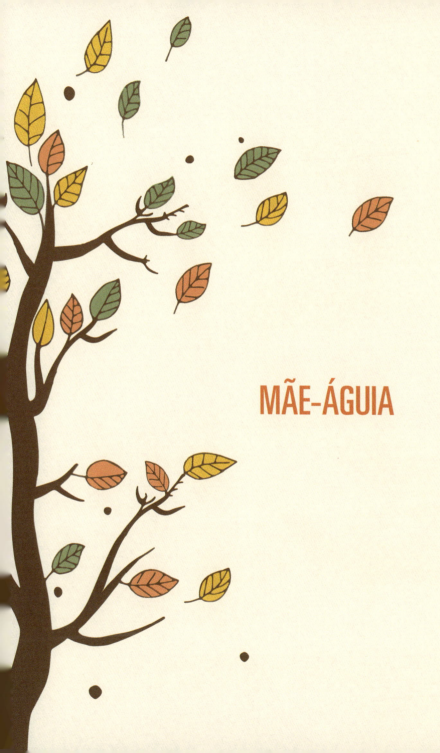

> *"Ensina o jovem no caminho
> que ele deve seguir!
> Mesmo quando aquele envelhecer,
> não se afastará deste."*
> *(Provérbio 22,6)*

Uma senhora que fui visitar numa missão me disse:
– A águia é um animal solar e celestial, símbolo universal do poder, da força, da autoridade, da vitória, da pretensão de voos altos e da proteção espiritual. Assim vejo a minha experiência de Deus, que me deu na missão de ser mãe, missão essa aprendida a cada dia. Vamos construindo-nos como mãe, e aí se encontra a nossa santidade. Digo isso porque não é fácil ser mãe, quando sua filha diz que está sofrendo e você percebe que precisa

ajudá-la a tomar decisões. A vontade é de dizer o que ela deve fazer... Porém resolvi contar com a graça de Deus para orientá-la (cf. *Gaudete et Exsultate*, n. 16).

Olhando para o alto, continuou:

– Minha filha estava num convento, pois desejava seguir o caminho da vida religiosa, tornando-se freira. Foi uma luta para ela tomar a decisão de sair de casa. Mas entrou em um convento, que ficava distante de casa. Após três anos de caminhada e estudos, ela me escreveu uma carta dizendo que estava pensando em sair do convento, porque se encontrava em dificuldades pessoais e comunitárias, a vida com as irmãs era dura, havia muito trabalho e não estava feliz, entre outras coisas. Fiquei com o coração na mão. O que dizer para uma filha nessa situação? Repito: ouvir da sua filha que ela não está feliz, dói. A vontade que me deu foi de dizer: "Volte para casa, aqui amamos você e seremos felizes". No entanto, senti em meu coração que não poderia dar-lhe essa resposta. Então, antes de responder a carta, entrei no meu quarto e rezei, pedindo as luzes do Espírito Santo e da Virgem Maria. Sempre me confio a Maria, pois ela também foi mãe e compreende as minhas aflições. Em seguida, comecei a redigir a carta, que dizia assim: "Minha querida filha, você sabe que seu pai, seus dois irmãos e eu a amamos muito. Queremos vê-la feliz e seria muito bom tê-la junto de nós. Porém, uns dias depois de ler sua carta e de rezar para entender melhor o que escreveu, quero fazer algumas considerações para que possa pensar bem antes de tomar qualquer decisão sobre a sua vida. Quero dizer-lhe que seja qual decisão tomar, você terá todo o nosso apoio: de seu pai e o meu. Saiba que dificuldades, minha filha, você encontrará em todo lugar. Você acha que é fácil, para mim, conviver com seu pai? Você conhece bem o gênio dele. E com seus irmãos? Como acha que é ter de acolher cada um deles com sua forma de ser? Essa é a cruz que carrego, com amor e despojamento, atrás de Jesus. Somente o amor e a entrega da vida por causa de Jesus, que você deseja seguir, valem o sacrifício para ser feliz. E ser feliz é uma opção que fazemos, escolhendo enfrentar e assumir a vida com as suas alegrias e dificuldades. Caso contrário, ficaremos a vida toda nos lamentando de coisas que não são do nosso agrado, sem descruzarmos os braços para lutar. Eu, com a graça e a ajuda de Deus, todos os dias vou superando as minhas dificuldades. E me alegro com as conquistas do dia a dia. Você se queixa de que está tendo dificuldades. Pergunto: o que está fazendo para vencê-las? Está rezando? Conversou com alguém sobre isso? Pense, a vida é uma luta. Há alegrias e dores em todos os lugares. Antes de tomar qualquer decisão, considere o que estou lhe escrevendo. Rezo por você, minha filha. Um abraço, sua mãe".

Ela respirou fundo, antes de continuar:

– Superar o sentimento egoísta de ter minha filha perto de mim e empurrá-la para que agisse como gente grande exigiu de mim um abandono total nas mãos de Deus, confiando a vida dela a ele. Essa era minha missão naquele momento. Esperei ansiosa por uma resposta. Alguns dias depois, recebi uma carta dela dizendo que tinha aceitado as minhas colocações e que estava buscando se encontrar e deixando-se ajudar pelas irmãs. Hoje ela é uma religiosa. Fez os votos perpétuos em nossa comunidade de fé. Mas, antes de ela ir para a cerimônia na igreja, fui até o quarto onde estava, segurei em suas mãos e, olhando nos seus olhos, perguntei-lhe: "Minha filha, você está feliz? É isso que você quer para sua vida, para sempre?". Com um sorriso, que jamais esquecerei, ela me respondeu que sim e que viver a vocação à vida religiosa consagrada seria a sua opção de vida para sempre. Então, eu lhe revelei um segredo que guardava no fundo do coração: "Você está realizando um sonho da sua mãe: a de ter um filho ou uma filha servindo a Deus. Rezarei para que você seja sempre fiel".

Sorrindo, ela concluiu:

– Hoje vejo e sinto que minha filha é feliz.

Ser mãe é uma missão que se vive na fé, e Deus nos ajuda a cumprirmos a nossa missão. E "os filhos são um presente do Senhor; eles são uma verdadeira bênção" (cf. Salmo 127,3).

Um convite à oração

"É preciso conceber a totalidade da vida como uma missão. Permita-se plasmar àquele mistério pessoal, que possa refletir Jesus Cristo no mundo de hoje" (*Gaudete et Exsultate*, n. 23).

Devemos refletir e buscar compreender a missão de vida como um caminho de santidade. No dia a dia, as pequenas decisões que tomamos revelam-nos a profundidade da nossa vida em Deus. Rezemos uma Salve-Rainha.

O AMOR SE DOA

> *"Sabeis como Deus ungiu com Espírito Santo
> e poder Jesus de Nazaré,
> que passou fazendo o bem e curando a todos,
> porque Deus estava com ele."*
> (Atos dos Apóstolos 10,37)

Muitas de nossas experiências de fé se dão no escondimento. Com o passar dos anos, olhamos para trás e vemos o caminho trilhado na fé. Convivemos diariamente com santos. Sim, pois, pelo Batismo, vivemos essa comum vocação: a santidade. Porém, as limitações humanas, os erros e o pecado nos impedem de desfrutar plenamente da presença dos santos.

Transcrevo aqui um relato que colhi em missão e que mostra um caminho de santidade, como diz o Papa

Francisco: "Deixa que a graça do teu Batismo frutifique em um caminho de santidade. Deixa que tudo esteja aberto a Deus e, para isso, opta por ele, escolhe Deus sem cessar. Não desanimes, porque tens a força do Espírito Santo para tornar possível a santidade e, no fundo, este é o fruto do Espírito Santo na tua vida (cf. Gálatas 5,22-23)" (*Gaudete et Exsultate*, n. 15).

* * *

O irmão mais velho, numa família numerosa, é considerado um segundo pai. É aquele que, mesmo distante, se preocupa, acompanha e vibra com as conquistas dos irmãos. Esse irmão mais velho era especial para aquela família. Depois que se casou, passou a cuidar do próprio lar, mas seu coração se mostrava inquieto. Ele desejava fazer algo a mais. Para ele, era impossível ficar restrito apenas a seu núcleo familiar: a esposa e os dois filhos.

Assim que chegou à nova comunidade, onde foi morar depois de casado, iniciou o processo de engajamento comunitário e todos comentavam como era generoso: primeiro ajudou na organização da festa do padroeiro, depois na reforma da Igreja... Acontece que, por causa dessa proximidade com as pessoas, sua vida foi se consumindo. Gastava seu tempo ouvindo as queixas, ajudando na resolução de conflitos familiares, levando pessoas ao médico, auxiliando nas celebrações, consertando a casa, promovendo o diálogo entre vizinhos, e, assim, foi vivendo, sem muito tempo para si mesmo.

Um dia, chegou até ele um convite especial por parte da comunidade: exercer o cargo de ministro extraordinário da Eucaristia e da Palavra. Foi uma felicidade só. Ele não cabia em si de alegria, pois agora poderia também pregar a Palavra e distribuir a Santa Comunhão. Sua vida se transformou. Além de todo o empenho em casa e na comunidade, sempre reservava tempo para o encontro com Deus no silêncio, pois a Palavra a ser transmitida deveria ser vida em seu ser. Dizia que o Salmo 91 era a sua oração diária: "Digo ao Senhor: 'Meu abrigo e meu refúgio, meu Deus, em quem confio'" (Salmo 91,2).

Essa experiência da proximidade de Deus foi sendo de tal forma amadurecida em sua vida, que começou a viver em um silêncio profundo. De um homem com fala mansa, às vezes enérgica, passou a ser uma pessoa mais contemplativa. Conversava sim, mas sempre ponderando as coisas. As pessoas mais próximas até se preocupavam com ele. Porém, esse foi o seu modo de dizer o sim definitivo a Deus. Um ataque fulminante o levou desta vida. Para os que ficaram aqui, sua partida pode ter parecido muito repentina, mas, para ele, foi um sim preparado ao longo dos anos, por meio do serviço gratuito aos que ele (Jesus) tanto amava.

Na ocasião da sua partida, o que mais se ouvia dizer era: "Este homem era muito bom". Sua fé e santidade se fizeram notar no agradecimento das pessoas.

Um convite à oração
"Noé era um homem justo e íntegro entre os de sua geração. Noé caminhava com Deus" (Gênesis 6,9).
Deus sempre nos convida a fazer o bem. Vamos rezar um Pai-Nosso, uma Ave-Maria e um Glória.

> *"Por isso, deixará o homem pai e mãe*
> *e se unirá à sua mulher,*
> *e serão os dois uma só carne."*
> (Mateus 19,5)

Em nosso peregrinar nesta vida, deparamo-nos com pessoas cujas experiências de Deus engrandecem a nossa fé. Por vezes, perguntamo-nos de onde vem tamanha fé e adesão a Deus. Os grandes homens e mulheres de fé foram pessoas forjadas pelo sofrimento e pela compaixão para com o outro, numa relação altruísta. "Quando se ama até doer, não poderá haver mais dor, somente amor", dizia Madre Teresa de Calcutá.

Numa viagem missionária à cidade de São Ludgero (SC), houve um momento em que a equipe missionária foi visitar as famílias da comunidade. Quanta bondade na vida das pessoas. O acolhimento de todos foi uma marca predominante. Porém, na casa do senhor José Ramos, que nos acolheu com alegria, foi diferente. Fomos tocadas pela graça de Deus vivida naquele lar. A visita era para a esposa dele, que há mais de dez anos estava na cama, enferma, com o mal de Alzheimer num estágio bem avançado.

Foram instantes de silêncio e de contemplação da cena: ela na cama, feito uma criança, e ele ao lado, de mãos dadas, juntamente com a filha, que o ajudava nos cuidados com a mãe. Todos os dias o senhor José passava horas e horas ao lado da cama dela, fazendo-lhe companhia. Era um homem forte, com seus 76 anos. À noite, ele também ficava ao lado da esposa. Foi a filha que nos revelou essa atitude de seu pai. Olhei para ele num gesto de admiração, e ele me disse:

– Irmã, não poderia ser diferente. Trago dentro de mim, bem forte, a aliança que fizemos com Deus. Eu a aceitei como esposa para vivermos juntos todos os momentos... na alegria e na tristeza, na saúde e na doença, amando-a e respeitando-a todos os dias de minha vida. Isso é o que me move, o que me faz viver todos os dias. Não faço planos, apenas vivo com ela o presente. E Deus nunca nos abandonou, nunca. Ela é tudo o que sou e tenho. Os bens materiais passam, mas a nossa aliança, não. Vendi tudo o que tinha, mas tenho tudo de que preciso: ela e Deus.

Um convite à oração

"[Abraão] Toma, pois, teu filho Isaac, teu único, aquele que amas, e vai-te à terra de Moriá! Faze-o subir ali como holocausto, sobre um dos montes que te direi!" (Gênesis 22,2).

Podemos buscar na experiência de Abraão e do Seu José inspiração para a nossa vida. Agradeçamos a Deus, com o Salmo 146,2: "Quero louvar o Senhor com minha vida, quero salmodiar a meu Deus enquanto eu existir".

EU OUVI DEUS

> "O Senhor é minha força e meu escudo:
> meu coração nele confiou, e fui auxiliado."
> (Salmo 28,7)

Redigir o relatório da vida de uma pessoa que deseja pedir a nulidade do sacramento do Matrimônio é entrar numa das dimensões mais doloridas da experiência humana: as relações interpessoais. É um olhar contemplativo sobre uma pessoa de fé, que viveu o fim de uma aposta no amor, mas que quer recomeçar a amar. Um amor que não se realizou em plenitude devido à infidelidade. Pode-se exclamar: "Deus ama o pecador, não julga nem condena, mas salva!".

Enquanto Maria das Graças me contava a sua história de amor, eu a contemplava tentando ler em suas palavras a dor, a solidão e, acima de tudo, a força dessa mulher, que, por amor, era capaz de todos os dias recomeçar sua vida, mesmo sabendo que era traída. Dizia-me ela:

– Eu o amava tanto e queria ser fiel ao meu compromisso assumido com Deus e com ele. Porém, enfrentava rejeição, palavras duras, agressões de todo tipo. Nas minhas orações, recebia forças para continuar. Olhar para Jesus na cruz era consolador. Era como se pudesse ouvir Jesus me dizendo: "Tente mais uma vez hoje, sou a sua força, a sua coragem, o seu amor". Até que um dia meu marido foi embora de casa. Silêncio, dor, remorso, raiva, solidão, vida no chão. Foi desesperador. Olhei para os olhinhos de meus filhos, que tinham perguntas, tinham fome, precisavam de carinho, de proteção... Mas e eu?... Perguntava-me: "Quem me sustentará? Quem olhará por mim?".

Respirou fundo e continuou:

– Enquanto fazia esses questionamentos, senti dentro de mim uma voz forte, dizendo: "Vá até a igreja". Saí de casa e lá na igreja encontrei um grupo de oração. Sentei bem no fundo da igreja, e a pessoa que conduzia a oração disse: "Nesta igreja tem uma pessoa que está se perguntando: quem me sustentará? Quem olhará por mim? Quero dizer a essa pessoa que Jesus é quem a sustentará e olhará por ela, e nós seremos a presença sensível dele em sua vida. Não tenha medo. Eu estou contigo, não a deixarei, é o que a Palavra está dizendo a você neste momento. Amém". Todos responderam: "Amém". Fiquei em silêncio, rezei mais um pouco, tentando absorver as palavras a mim dirigidas: "Não a deixarei". E comecei a perceber uma vida nova em mim. Paz e serenidade. Fui em seguida para casa, e lá estavam meus dois filhos. Eu os abracei e prometi a mim mesma que somente em Deus buscaria forças para me levantar e cuidar de minha casa e dos meus filhos. Deus é tudo para mim; e nada mais me faltou. Ele não me deixou só. Reconstruí a minha vida e continuo no meu caminho de fé. Só posso dizer que Deus é muito bom e misericordioso.

Um convite à oração

O que podemos fazer quando a dor bate em nossa porta? Quando as relações em casa, no trabalho e na comunidade nos tiram o chão?
Reze com confiança o Salmo 28: "Senhor, clamo a ti! Meu rochedo. Escuta a voz de minhas súplicas".

"O Senhor é meu pastor:
não sinto falta de nada."
(Salmo 23)

Q uando converso com as pessoas sobre as minhas experiências de fé, recordo vários momentos de minha história de vida. Estive várias vezes em perigo de morte na infância, devido a queimaduras que atingiram todo o meu corpo, mas meus pais sempre pediam a intercessão de Nossa Senhora Aparecida, e a minha saúde era recuperada. Observo que o altar de Nossa Senhora, lá na casa de meus pais, está sempre com flores, certamente como um agradecimento secreto pelas graças recebidas, pois sempre via meus pais rezando por mim e por meus irmãos aos pés da Virgem.

Porém, uma experiência mudou a minha vida e, a partir dela, Deus passou a ser mais próximo de mim. Eu tinha uma situação econômica estável, estava casada e era mãe de um garoto de seis meses de vida, quando, por situações diversas, nós perdemos tudo o que tínhamos; não havia dinheiro nem para comer nem para pagar o aluguel. Tivemos que ir morar em uma favela, onde não havia água nem luz. Para construir uma casinha, vendemos os móveis que ainda nos restavam e também um relógio que havia ganhado dos meus pais. Só eu sei o quanto me custou esse gesto, pois aquele objeto tinha um valor sentimental muito alto. Ele me lembrava de papai e mamãe, que também com muito sacrifício haviam me dado aquele presente. Mas, em nome da vida, eu o vendi. Como favelados, devido ao preconceito, ficou mais difícil arranjar emprego. Com muita dificuldade, meu marido conseguia fazer alguns "bicos" para podermos comprar o básico. O bebê era ainda muito pequeno para eu deixar com alguém. Foi nessa situação de tristeza, dor e falta de quase tudo, que a fé em Nossa Senhora Aparecida me manteve em pé. Ah! Como sentia a presença consoladora de Nossa Senhora Aparecida, que eu chamava e chamo de minha Cidinha. Rezava todos os dias para ela e pedia que desse força, a mim e ao meu esposo, para superarmos toda aquela situação com amor e paz. Pedia a ela que intercedesse junto a Deus, para que me ajudasse a arrumar um emprego. Como forma de gratidão, prometi que compraria, com o meu primeiro salário, uma imagem dela. E assim o fiz. Tenho até hoje essa imagem no altar que fiz em minha casa, para todos os dias de minha vida recordar o que fez em meu favor num momento de necessidade extrema.

Nessa mesma época, meu marido também foi contratado para trabalhar num lavador de batatas. E, para ajudar a aumentar a renda de nossa família, comecei a fazer também bolachas e a preparar saquinhos de amendoim para vender. Assim, com muita luta, esforço, trabalho e confiança na providência de Deus, nossa vida foi melhorando. Sempre, em minha casa, rezávamos e nos colocávamos nas mãos Deus. Eu e meu esposo sempre acreditamos na mensagem Bíblia que diz: "Dele saímos". Das mãos de Deus saímos e nela estávamos. E foi assim que vencemos. Depois de dois anos na favela, conseguimos comprar uma casa num lugar mais adequado para viver: com saneamento, água e luz. Não foi fácil passar por tudo isso. Mas tenho certeza de que a mão de Deus estava sobre nós. Sua presença era sensível no amor que eu e meu esposo vivíamos, assim como na existência de nosso filho, que era o alento de nossas vidas, de nossa fé e nossa esperança. Acredito que a fé nos ajudou a superar tudo. Agradeço sempre a meus pais, pois me lembro das orações em família desde pequena e de mamãe juntando minhas mãozinhas e ensinando a rezar o Santo Anjo da Guarda.

Hoje sou viúva. Meu esposo partiu de repente, mas minha fé não foi abalada, pois senti e sinto que ele foi para os braços do Pai. E eu o deixei partir em paz, sabendo que a minha fé se baseia nas palavras de Jesus: "Vou para junto do Pai e quando tiver preparado a vossa morada, voltarei e levarei vocês comigo" (cf. João 14,12.28). A morada dele estava pronta.

Cuido da minha casa, do meu trabalho e ajudo naquilo que a minha paróquia precisa. Deus é a minha força... meu amigo.

Um convite à oração

"O Poderoso fez coisas grandiosas para mim. Santo é seu nome" (Lucas 1,49).

Em sua Bíblia, recite o canto do *Magnificat* (Lucas 1,46-56).

UM ENCONTRO INESPERADO

"É um conhecimento admirável,
superior a mim:
ficou alto, não o alcanço."
(Salmo 139)

Em uma missão na cidade de São Paulo, encontrei uma senhora que contou sua experiência de Deus:
– Eu acompanhava uma amiga com câncer em estado terminal, em um importante hospital aqui da capital. Ficava o dia inteiro vendo-a ir definhando lentamente. E todos os dias as mesmas cenas se repetiam. Havia um mistério que nos rodeava. O mistério da finitude da vida. E, ao mesmo tempo, o silêncio de uma nova etapa da vida que se avistava. O medo, a ansiedade, a confiança, a oração, os medicamentos, a alegria, a tristeza, a paz, o desespero e um "monte" de realidades humanas eram

vividas todas juntas... Nada parecia desesperador, mas sim humano. Sabe aquele momento em que se compreende que nada mais pode ser feito, a não ser aceitar a finitude humana e confiar no amor e misericórdia de Deus. Eram assim os dias passados naquele hospital.

Mesmo depois de tanto tempo, ainda era possível perceber a angústia que sentira na ocasião.

– Um dia me enchi de coragem e perguntei: "Você tem medo de morrer?". Ela me respondeu: "Morrer dói muito. Muito mais que a dor no corpo, pois o que dói é a alma. Você sabe o que é a dor de alma?". Não esperou que eu respondesse e continuou: "Dor de alma acontece dentro da gente, é quando sentimos a mais plena solidão, um silêncio total. Nada e ninguém podem nos acompanhar. São decisões somente nossas. Temos que deixar tudo o que temos para abraçar o eterno. E isso é até mais fácil. O mais difícil é abandonar o que somos. Dói. Dá saudade, há ressentimentos, desejo de perdão por ter magoado alguém, mas também a consciência de que não é preciso voltar atrás. Só o presente importa, e ele é dom de Deus, que me ama como sou. É infinito amor. É tudo. E dói porque só neste momento extremo de minha vida me dou conta de que nada importa. Eu me importei muito com coisas meramente humanas, e agora dói confiar plenamente em Deus. Admitir isso é difícil. Morrer é dolorido, mas eu quero essa nova vida. Eu quero".

O saber de Deus é envolvente e profundo na pessoa sensível à sua graça. A senhora continuou:

– De repente, aconteceu uma pausa. Houve lágrimas... soluços... silêncio... afago nas mãos... abraço demorado. E em seguida tudo pareceu ir se aquietando no mistério de um Deus que estava construindo pouco a pouco a eternidade para a minha amiga. Naquele dia, saí do hospital com uma sensação de consolo e desolação. Consolo por perceber o caminho de fé que minha amiga estava fazendo e por ver sua experiência do Deus de misericórdia, e desolação por não entender por que Deus era tão demorado. Era o que eu achava, diante de tanto sofrimento. Ele, na minha compreensão míope, poderia fazer um milagre acontecer e livrar a pessoa de tanta dor. Mas nada se realiza por acaso.

Ela, então, abriu um sorriso:

– Mergulhada nesses pensamentos, não percebi que se aproximava de mim um senhor em situação de rua e me assustei. Estava sujo, despenteado e parecia bêbado. E o local era meio escuro. Ele percebeu meu receio e disse: "Não tenha medo, não lhe farei mal nenhum, minha senhora. Só peço que, se possível, me dê um dinheiro para comprar comida. Minha mãe, minha filha e eu estamos morando embaixo daquele viaduto, e a fome é grande". Num ímpeto mais de medo do que de generosidade, tirei o dinheiro que tinha na bolsa e dei ao homem que se aproximara de mim. O senhor olhou para o dinheiro e, fitando meus olhos, disse: "Nunca vi a bondade de Deus tão forte em minha vida". Tocou a minha mão e eu fui caminhando para o ponto de ônibus. Ele me acompanhou contando a sua história de dor, provocada pela realidade econômica de sua família, devido à pandemia da Covid-19. Caminhei em silêncio a seu lado. Não tinha o que dizer. Tudo se misturava nesse encontro: dor, humanidade, alegria, rejeição, acolhimento... Mas uma coisa posso dizer: eu fui contemplada por um morador em situação de rua. Seus olhos adentraram em meu ser. Parecia que ele via a minha alma cheia de questionamentos. Havia pouca luz no local em que eu ia pegar o transporte. Mas ele ficou comigo até que eu estivesse segura. Depois, foi embora na escuridão da noite. Sentada no banco do ônibus, recordando o olhar daquele homem, senti como se o próprio Jesus tivesse cruzado meu caminho. Uma paz profunda invadiu-me a alma. Foi como se Deus tivesse me visitado e eu tivesse tido a oportunidade de sentir a sua consolação.

Suspirando, ela concluiu:

– Chegando em casa, soube que minha amiga havia partido. Então entendi: Deus nos visita sempre. E fui tocada por ele naquele dia. Tenho só gratidão.

Um convite à oração

"O Senhor é meu pastor: não sinto falta de nada" (Salmo 23,1). O sofrimento, a doença, a certeza da finitude da vida, a morte e o pobre nos aproximam de Deus? Rezar uma oração pelos enfermos.

DEUS PRESENTE NA FAMÍLIA

> *"Recomenda teu caminho ao Senhor:*
> *confia nele e ele agirá!"*
> *(Salmo 37,5)*

O Papa Francisco fala de uma santidade "ao pé da porta". Talvez não consigamos atingir a profundidade dessa expressão. É a graça de nosso Batismo.

Em Pernambuco, conheci uma família que tinha tudo para dar errado. Quem me conta a história sagrada dessa família é uma adolescente, chamada Beatriz, que frequentava a catequese. Havia tanta serenidade em sua partilha que parecia que Deus nos abraçava.

Num encontro em sua comunidade, em que o tema era a respeito de como sentíamos Deus na nossa vida, ela se sentou ao meu lado e contou sobre a vida de sua família, depois da notícia do nascimento de sua irmã:

– Deus, para mim, é presença. Sabe quando, na escola, a professora faz a chamada e o aluno responde: "Presente"? Lá em casa é assim. A gente chama a Deus, e ele de alguma forma confirma que está presente. Ainda pequena, tinha 9 anos de idade, aconteceu uma fase de transição em minha vida, e não era apenas da infância para a adolescência, houve, sim, uma reviravolta no nosso contexto familiar, com a notícia que de que a mamãe estava grávida novamente. Isso após 9 anos do meu nascimento. Sabe, foi só alegria em casa. A gravidez de mamãe era normal, mas, com o passar dos meses, algumas coisas foram acontecendo e sutilmente ganhando um tom de preocupação para a nossa família, que, na época, morava no subúrbio Paulista (PE).

E ela continua:

– Chegou o dia do nascimento da minha irmã caçula, e sentia-me feliz por ter uma irmãzinha para brincar. Ao nascer, o que se temia aconteceu. A pequena Aurora deu sinais de que algo não estava bem. Muito choro, e não era por fome ou por qualquer necessidade de uma criança recém-nascida. Aurora teve que ficar internada por muito tempo e fazer uma série de exames para os médicos descobrirem o que ela tinha. Ela foi diagnosticada com Tetralogia de Fallot. Finalmente, ela ganhou alta médica e pude ver melhor minha irmã em casa. A pequena Aurora sofria de crises decorrentes dessa doença do coração, uma condição cardíaca rara e que necessitava de cirurgia. Mas, pelo fato de ser ainda pequena, ela não podia fazer essa cirurgia. Teria de completar 11 meses. Foi um tempo difícil para todos da família. Mamãe precisou redobrar os cuidados com a bebê e dar atenção a mim também. Papai, por sua vez, precisou trabalhar ainda mais para arcar com os custos do tratamento. E eu tive que amadurecer para ajudar minha mãe nas atividades de casa e com minha irmã, além da escola e da participação na paróquia. Ufa! Foi uma luta.

Ela respirou e seguiu:

– Depois de onze meses, o dia esperado chegou, a Aurora já estava bem para fazer a cirurgia. Era de alto risco, mas os médicos estavam muito confiantes na operação. A tensão tomou conta de toda a família. Todos nos reunimos em oração, cada um pedindo e professando sua fé em Deus, de acordo com sua crença. Após seis horas de cirurgia, a pequena Aurora foi para UTI, e as primeiras 24 horas foram decisivas para todo o procedimento. Um mês de internação. Graças ao bom Deus, após esse período, Aurora retornou para casa e para o carinho de nossa família. Entretanto, algo não estava muito bem com mamãe, a dona Madalena, como os vizinhos costumavam chamá-la – algo de que eu gostava muito. Ela ficou exausta por tudo o que viveu desde o nascimento de minha irmã, sua internação e cirurgia. E entrou em uma profunda depressão, preocupando toda a família. Foram dias difíceis. Vendo minha mãe nesse estado, tive que assumir o papel de dona da casa e ajudar meu pai nas atividades domésticas e em tudo que envolvia o cuidado de mamãe e da Aurora. Minha mãe teve acompanhamento psicológico e foi melhorando progressivamente. Aurora também foi se recuperando da cirurgia e progredindo dia a dia em seu tratamento. Meu querido pai esteve sempre presente e serviu de apoio em meio às dificuldades. E, após dois anos vivendo sob essa tensão, consegui fazer a experiência de uma jovem adolescente. E, nessa história, teve sempre a presença de Deus. Ele nunca "saiu" de casa. Eu sinto isso. Você acredita? Sempre e a todo o momento, a fé em Deus e a intercessão da Virgem Maria nos acompanharam e nos acompanham em todo esse percurso. Por isso, hoje a minha família sempre entoa o hino de louvor ao Senhor: "Em tudo dai graças!" (cf. 1 Tessalonicenses 5,16-18)".

Um convite à oração

"Estai sempre alegres. Constantemente orai. Em tudo dai graças, pois essa é a vontade de Deus em Cristo Jesus para vós!" (1 Tessalonicenses 5,16-18).

Um dos elos que permeia toda a história que acabamos de ler é a presença de Deus na vida dessa família. O que pensamos sobre a presença de Deus em nossa família? Podemos cantar a música do Pe. Zezinho, "Oração pela Família", na plataforma digital de nossa preferência.

NOSSA SENHORA, DE MÃE PARA MÃE

> *"Pelo contrário, aquietei e acalmei minha alma.*
> *Como um bebê amamentado sobre sua mãe,*
> *como o bebê amamentado sobre mim,*
> *assim está minha alma."*
> *(Salmo 131,2)*

– A minha vida é feita de acontecimentos, de manifestações de Deus. Uns alegres, outros trágicos... E, muitas vezes, estive cega e surda à ação de Deus, pois queria que tudo acontecesse conforme desejava. Mas os caminhos de Deus eram outros. A experiência que marcou a minha vida é a da certeza de que Deus não se esquece de mim. Pode parecer algo corriqueiro, simples demais, mas quero contar o fato, pois sinto que o que o Papa escreveu em sua Exortação apostólica *Gaudete et Exsultate*, tem muita sintonia comigo: "Classe média da santidade".

Assim contou Valdete H.:

– Em 2002, passei por momentos difíceis financeiramente. Às vezes, não tinha dinheiro para comprar o básico para viver. Na época, não era professora concursada e só tinha uma conta-salário. Eu trabalhava sessenta horas semanais. No domingo, fazia a comida para a semana e congelava os alimentos. Numa quarta-feira, levantei e fui fazer o café, mas o gás acabou. Até aí tudo bem, porque pude aquecer a água no micro-ondas. Mas não tinha dinheiro para o gás. Passei alguns dias aquecendo os alimentos no micro-ondas. E eu, com o coração partido, não sabia o que fazer. Pois há duas coisas que não sei fazer: pedir dinheiro emprestado e comprar fiado. Chegou o sábado, dia da faxina, e me levantei cedo. Estava com aquela preocupação de como conseguir comprar o botijão de gás. Já não havia mais comida pronta. E me perguntava: o que faço? Faxinei o interior da casa e tentava encontrar uma saída para a situação, contando com as minhas forças. Faltava lavar a calçada.

Ela continuou:

– Em meio a essa angústia, quando ia abrir a torneira, lembrei do livro do Gabriel Chalita, *Mulheres que mudaram o mundo* (São Paulo, Cia. Editora Nacional, 2005), sendo uma delas Madre Teresa de Calcutá. O livro diz que tudo o que ela necessitava, pedia a Deus, e ele providenciava. Então pensei, se Deus dava a ela, irá dar para mim também. Fechei a torneira e fui para a frente da imagem de Nossa Senhora das Graças que tenho num altar em minha casa. Ajoelhei-me e fui muito sincera e direta na minha oração: "Mãe, de mãe para mãe, interceda por mim, junto a Deus, pois necessito de um botijão de gás para alimentar os meus filhos. Ajude-me". E voltei para a faxina. Quando eu estava abrindo novamente a torneira, uma moto parou na frente do portão de minha casa. O motoqueiro tirou o capacete e perguntou: "Oi, professora, você mora aqui?". Respondi: "Moro, Márcio". Então vi que ele estava com dois botijões de gás na moto. "A senhora está precisando de gás?" Quase morri de vergonha por ter que falar ao meu aluno que não tinha dinheiro. Veio em minha mente a prece que acabara de fazer a Nossa Senhora. E disse a ele: "Eu preciso, sim, mas, não tenho como pagar hoje". Ele respondeu: "Não tem problema, eu venho no início do mês para receber".

Então, concluiu:

– Quando ele foi embora, dirigi-me a Nossa Senhora, agradeci e chorei... Passei dias sofrendo, e percebi que, pela intercessão da Mãe do céu, Deus estava o tempo todo a meu lado, como se quisesse me dizer: "Não peça para outros, filha! Peça para mim". Nunca mais deixei de agradecer e de confiar na Providência Divina. Pois, para mim, tudo isso representou a presença de Deus na minha vida.

Um convite à oração

"O justo viverá da fé" (Romanos 1,17).

No relato, vimos alguns sinais que mostraram algo mais na experiência com Deus. Quando foram percebidos, ressurgiu a confiança e veio a gratidão.

Quais os sinais de Deus em nossa história? Conseguimos percebê-los? Rezar: "Senhor, eu creio, mas aumentai a minha fé!".

A CONTINUIDADE...

> *"Moisés pastoreava o gado.
> O anjo do Senhor lhe apareceu
> em uma chama de fogo,
> do meio de uma sarça."*
> (Êxodo 3,1-2)

Acredito que este livro não se encerra aqui. Ele terá continuidade na vida de cada pessoa que entrar em contato com ele. Todos temos o desejo de viver nossa vida no Senhor, que nos chama à santidade cristã, e a Igreja Católica convoca os seus fiéis a viver a mística cotidiana do encontro com o Senhor. O Catecismo da Igreja Católica orienta que toda a nossa ação volte-se para Deus, fonte e origem de nossa vida. E quanto mais aprofundamos nosso conhecimento do Senhor Jesus Cristo, mais conhecemos a Deus, pois Jesus é o Filho de Deus encarnado que nos mostra o rosto e o caminho para o Pai.

"O progresso espiritual tende para a união cada vez mais íntima com Cristo. Esta união chama-se 'mística', porque participa no mistério de Cristo pelos sacramentos – 'os santos mistérios' –, e, nele, no mistério da Santíssima Trindade. Deus chama-nos todos a esta íntima união com ele, mesmo que graças especiais ou sinais extraordinários desta vida mística somente a alguns sejam concedidos, para manifestar o dom gratuito feito a todos" (Catecismo, 2014).

"O caminho desta perfeição passa pela cruz. Não há santidade sem renúncia e combate espiritual. O progresso espiritual implica a ascese e a mortificação, que conduzem gradualmente a viver na paz e na alegria das bem-aventuranças: 'Aquele que sobe, nunca mais para de ir de princípio em princípio, por princípios que não têm fim. Aquele que sobe nunca mais deixa de desejar aquilo que já conhece'" (Catecismo, 2015).

Sejamos mulheres e homens de desejos do infinito...

Escreva a história de Deus em sua vida.

_____

_____

_____

_____

A continuidade...

Experimentei Deus

ANEXO
LEITURA ORANTE DA BÍBLIA

O método da leitura orante pode ser uma rica fonte para quem deseja assumir um caminho espiritual que leve ao encontro com Deus. Por isso, deve ser realizado constantemente, mesmo que nos primeiros tempos se encontrem dificuldades.

Experimente fazer os passos com calma e serenidade. Para isso, reserve um tempinho de seu dia. Uma sugestão é marcar um horário para o encontro com Deus. Todos nós agendamos nossos compromissos, e, para estar com Deus, também é preciso escolher local e horário. E não para que Deus venha ao nosso encontro, mas para que nós nos disponhamos a reconhecê-lo em nós sempre.

Passos para orientar a leitura orante, pessoal e diária da Bíblia

1) LEITURA

O que o texto diz em si?

Tomar a Bíblia e ler com a convicção de que Deus nos fala.

Em uma atitude de interiorização, silenciar para ouvir a Deus.

- Invocação da luz do Espírito Santo.
- Leitura lenta e atenta do texto.
- Momento de silêncio interior para lembrar o que leu.

2) MEDITAÇÃO

O que o texto diz para mim, para nós?

Refletir, ruminar, aprofundar e repetir as palavras significativas.

Aplicar a mensagem aos dias de hoje.

- Escutar e ver bem o sentido de cada frase.
- Atualizar e ruminar a Palavra, ligando-a com sua vida.
- Ampliar a visão, ligando o texto com outras passagens bíblicas.

3) ORAÇÃO

O que o texto me faz dizer a Deus?

Ler, reler, rezando com o texto e respondendo a Deus.

- Conversar com Deus.
- Responder às interpelações.
- Atitude de adoração, louvor, agradecimento, perdão.

4) CONTEMPLAÇÃO

Ver a realidade com os olhos de Deus.

Mergulhar no mistério de Deus. Saborear a Deus.

- Formular um compromisso de vida.
- Rezar um Salmo apropriado.
- Escolher uma frase como resumo para memorizar.

BIBLIOGRAFIA

A BÍBLIA. São Paulo: Paulinas, 2023.

CATECISMO DA IGREJA CATÓLICA. Novíssima edição de acordo com o texto oficial em latim. 5. ed. Brasília, DF: CNBB, 2022.

PAPA FRANCISCO. Exortação apostólica *Gaudete et Exsultate*, sobre o chamado à santidade no mundo atual. São Paulo: Paulinas, 2018.

Paulinas

Rua Dona Inácia Uchoa, 62
04110-020 – São Paulo – SP (Brasil)
Tel.: (11) 2125-3500
paulinas.com.br – editora@paulinas.com.br
Telemarketing e SAC: 0800-7010081